REVUE
DE L'EXPOSITION UNIVERSELLE
DE 1867.

LE PORTUGAL

DOUAI
IMPRIMERIE LUCIEN CRÉPIN
32, RUE DES PROCUREURS, 32.

1867

REVUE

DE L'EXPOSITION UNIVERSELLE DE 1867.

LE PORTUGAL

PAR

THÉOPHILE BILBAUT

Homme de lettres, Chef du Secrétariat de la Mairie (Douai)

ET

THÉOPHILE DENIS

Attaché au Ministère de l'Intérieur, Membre de la Société des Gens de Lettres.

DOUAI

IMPRIMERIE LUCIEN CRÉPIN

32, RUE DES PROCUREURS, 32.

—

1867

AVANT-PROPOS.

NOTRE PROGRAMME.

On écrit beaucoup sur l'Exposition universelle de 1867.

Tout le monde est d'accord sur ce point.

Mais si, en dehors de la valeur numérique, on s'arrête au caractère moral de ce qui s'écrit, on ne peut plus, de ce côté, constater la même importance.

En effet, où trouver un ouvrage sérieux sur l'Exposition ? — On l'attend encore.

La publication qui domine, c'est le journal, feuille *volante* — comme les paroles.

Cela vit et meurt en moins d'un jour.

L'Exposition de 1867 mérite assurément mieux.

Quelqu'un saura peut-être combler, demain, la lacune qui existe encore à l'heure où nous traçons ces lignes. Nous le désirons.

En tout cas, nous nous hâtons de déclarer que telle n'est pas notre prétention.

Toutefois, si notre ouvrage est dû à des inspirations plus modestes, nous ne croyons pas montrer un orgueil démesuré, en prétendant faire plus qu'il n'a encore été fait.

Notre REVUE DE L'EXPOSITION UNIVERSELLE de 1867 est comme la seconde édition d'un premier travail qui a vu le jour dans les conditions communes et fragiles auxquelles nous faisions allusion il n'y a qu'un instant.

Chargés par plusieurs directeurs de journaux d'écrire des correspondances quotidiennes sur l'Exposition, nous n'avons pu donner à des articles éphémères le développement que nous aurait permis l'ample moisson de notes et d'observations, recueillie dans nos nombreuses excursions à travers le Palais du Champ-de-Mars.

Or, nos engagements avec la presse une fois remplis, devions-nous abandonner, en les considérant comme hors de service, tous les matériaux qu'il nous avait été impossible de faire entrer dans le cadre d'une correspondance forcément restreinte ?

Nous avons pensé que cet abandon nous préparait des regrets. Aussi nous sommes-nous remis résolûment au travail.

Et voilà comment, réunissant les éléments d'une œuvre éparse, en les grossissant considérablement de ceux que nous n'avions pu utiliser, nous avons été amenés à reconstruire un ensemble plus important et plus homogène.

Pour ce dernier travail, nous ne sommes engagés qu'avec notre conscience. Nous nous y livrons avec un entier désintéressement : Si peu que nous soyons utiles, nous serons largement payés.

Nous nous occuperons immédiatement des Etats secondaires; et cela, pour deux raisons :

D'abord, parce que la plupart des publicistes sont injustes ou tout au moins indifférents à leur égard : ils les négligent, pour épuiser leur verve et leur science dans de longues études sur la France, l'Angleterre, les Etats-Unis, etc.

Ensuite, parce que nous voyons, chez quelques Etats secondaires, une grandeur relative qui ouvre à nos méditations un champ moins exploré et par conséquent plus attrayant. Sans mesurer les limites de ces intéressantes puissances, nous nous arrêtons devant leurs efforts, nous interrogeons leurs aspirations, nous comptons leurs pas dans le chemin du progrès; et, de ce point d'observation, nous découvrons que la vraie grandeur et l'éclat du prestige ne sont pas nécessairement attachés aux plus vastes superficies territoriales.

Au reste, nous ne saurions mieux faire comprendre la nature de nos études, ni mieux corroborer nos dernières paroles, qu'en débutant par le Portugal.

REVUE DE L'EXPOSITION UNIVERSELLE DE 1867.

LE PORTUGAL.

I.

L'esprit public en Portugal.

La sympathie, vouée maintenant par le Portugal à tout ce qui est progrès et avenir, s'explique facilement pour quiconque connaît la légitime influence qu'a su y acquérir un Souverain dont les vues larges et libérales se portent, avant tout, vers les réformes et les améliorations que le bien public demande avec urgence, et qui dernièrement, dans un discours vivement acclamé par les Cortès, affirmait ses tendances à suivre le mouvement industriel et commercial, alors qu'en parlant du traité de commerce et de navigation conclu entre son Gouvernement et celui de S. M. l'Empereur des Français, Il disait. « Ce traité inaugure la politique commerciale qu'il nous convient de suivre dans le sens d'une » prudente liberté progressive, afin d'ouvrir des marchés » plus étendus à nos produits, en même temps que l'impor-

» tation sera rendue plus facile au commerce étranger. (1) »

Avec de telles pensées était il possible de ne pas adhérer complètement au programme de l'Exposition?

Il est dans la vie des nations, des phases importantes auxquelles la Providence réserve pour l'accomplissement de ses desseins des hommes prédestinés: Le Portugal nous paraît traverser une de ces périodes de régénération et il faudrait être aveugle pour ne pas voir une intervention supérieure dans l'avènement du Souverain régnant DOM LUIS, guidé au trône, au milieu de si cruelles épreuves, par les décrets impénétrables de la Providence.

Jamais plus vaste carrière de fécondes réformes ne s'ouvrit à un Souverain d'autant de mérite et de bonne volonté, et, sans remonter bien haut, il suffit, pour se faire une idée de l'influence salutaire du jeune Roi sur le présent et l'avenir du pays, de jeter un regard sur la multiplicité et l'importance des affaires de toute nature attaquées de front par son gouvernement, il suffit de compulser le seul dossier de la législature qui vient d'être close: Traités de commerce et de navigation, conventions internationales relatives à la propriété littéraire et artistique, convention postale, perfectionnement de l'instruction primaire, élaboration du Code Civil, organisation de l'armée, équilibre du budget par l'action simultanée du crédit, de l'économie et de l'impôt, développement moral, commercial et économique des Colonies, abolition de l'esclavage, loi des routes, extension du réseau des chemins de fer, création de communications télégraphiques, institution de caisses et d'établissements de crédit populaire, défrichements et assolements, dessèche-

(1) *Moniteur universel*, 9 janvier 1867.

ment et exploitation des marais, organisation du jury, abolition de la peine de mort, loi de l'administration civile, création d'associations de bienfaisance, tel est le programme bien incomplet encore des travaux soumis aux Cortès par le Gouvernement de concert avec ses infatigables et dévoués collaborateurs du Conseil des Ministres.

Quelle marque plus évidente de l'ardent désir du Gouvernement de guider quand même son pays vers le bien que d'aborder un ensemble aussi complet de travaux et de réformes qui ne sont pas sans demander aux contribuables des sacrifices importants destinés à alléger les charges qui pèsent sur le Trésor. Mais aussi quelle confiance profonde dans la patriotisme et la sagesse du pays et des Cortès! Quel indice plus sérieux pour montrer que dans le Portugal rénové « le » temps des grandes luttes politiques a disparu et que les » partis, également fidèles au Roi et à la dynastie, se » préoccupent avant tout, quelles que soient leurs divergen- » ces, d'assurer la prospérité et l'ordre si nécessaire à un pays » agité naguère par tant d'orages (1). »

Et vraiment quand on constate cette activité incroyable déployée depuis quelque temps, quand on jette les yeux sur la prospérité croissante du Portugal, on est amené à s'étonner de l'attitude modeste de ce pays. Il y a peu de temps que cette extrême modestie s'affirmait, dans de solennelles circonstances par les paroles si autorisées d'un des hommes les plus éminents du royaume Portugais, M. Casal Ribeiro, Ministre des Affaires Etrangères. Devant le congrès des députés, cet honorable interprète de la pensée Royale exposait, avec la lucide franchise et l'éloquence nerveuse qui le distingue,

(1) *Moniteur universel*, 24 mars 1867.

que « le Portugal ne pouvant prétendre à une politique » d'influence ou d'expansion, et, devant, d'un autre côté, » éviter un isolement peut-être dangereux, cherchait, dans » une amicale neutralité, dans son respect pour les droits » des autres puissances l'estime affectueuse et les égards » qu'Il a droit d'en attendre pour lui-même. (1) » Sans vouloir discuter ces pensées, empreintes d'une si noble simplicité et d'une si grande abnégation, nous ne pouvons pas ne pas proclamer qu'en dehors de la politique d'influence ou d'expansion par les armes et la diplomatie, il est un autre ascendant incontestable, la supériorité par les arts, le commerce et l'industrie, ascendant auquel le Royaume Portugais a tant de titres. Etudier cette supériorité, constater le bilan industriel de cette nation, tel sera notre but dans cette revue: heureux si notre travail arrive à donner une juste idée d'un Royaume qui, fort de l'expérience du passé, et grâce à l'initiative d'un jeune et intelligent Souverain, s'est lancé dans la voie féconde du progrès !

(1) *Moniteur universel*, 4 février 1867.

II.

La Commission d'organisation.

Avant d'entrer dans le sein même de l'Exposition, nous avons un devoir à remplir, c'est de constater la spontanéité avec laquelle fut accueillie par l'esprit public en Portugal la nouvelle de l'Exposition.

Guidée par ce courant, la Compagnie Royale des chemins de fer Portugais, dès le mois de février, décidait qu'elle devait établir avec les lignes Espagnoles et Françaises, une combinaison permettant durant l'Exposition d'expédier des trains directs entre Lisbonne et la Capitale de la France. C'était s'inspirer des besoins du pays et répondre aux inspirations de la nation, au désir du Souverain qui, dès l'organisation de l'Exposition, manifesta l'intention la plus arrêtée de venir par lui-même ou par son active et intelligente Compagne, étudier, à pied d'œuvre, ce tableau si fertile en enseignements.

Au moment où l'Exposition n'était pas encore ouverte, au moment où les tièdes doutaient même qu'elle s'ouvrît, à la date du 6 mars, on annonçait officiellement le départ de la Commission Portugaise pour Paris.

Dans cette Commission figuraient :

M. LE COMTE D'AVILA, Pair du Royaume, Ministre plénipotentiaire de S. M. très Fidèle à la Cour de Madrid, commissaire royal, membre du jury spécial, connu par l'expérience et la supériorité dont il avait fait preuve à l'Exposition de 1855 ;

M. LE CHEVALIER JOAO PALHA DE FARIA DE LACERDA, chef de la division du commerce au ministère des travaux publics de Portugal, premier commissaire-adjoint ;

M. LE BARON DE SANTOS, député, second commissaire-adjoint ;

MM. DE MOITA et DE VASCONCELLOS, chargés du service du secrétariat ;

M. DE VASCONCELLOS, chargé de l'installation et qui avait déjà été attaché à l'exposition de 1855 ;

M. LE CHEVALIER DE CASTRO PINTO DE MAGALHAES, député, secrétaire du Conseil des Colonies, membre de la Commission centrale de Lisbonne, chargé de l'installation coloniale ;

M. ARAGAO, chargé de l'installation de l'histoire du travail ;

M. LE MARQUIS DE SOUZA-HOLSTEIN, Pair du Royaume, chargé de l'installation des beaux-arts ;

M. FORTUNA, attaché au secrétariat.

Le nombre et la valeur personnelle des membres de la Commission témoignent de l'importance accordée à cette mission par un Souverain, ami de l'industrie, des arts et du progrès.

S. M. le Roi de Portugal n'ignorait pas d'ailleurs sur quels éléments sérieux se base à Paris la représentation des intérêts du Portugal, confiés à une Ambassade dont il suffit de citer les membres pour rappeler et les talents et cette éminente supériorité qui n'exclut pas l'affabilité courtoise et l'accessibilité de tous les instants, condition première pour les magistrats appelés à servir d'intermédiaires journaliers entre les nationaux et la haute administration : Nous avons nommé M. le ministre plénipotentiaire, vicomte de Païva, M. le chevalier d'Antas, M. le chevalier de Lancastre-Saldanha. et M. le vicomte Adolphe de Païva.

Munis des enseignements recueillis à leur Exposition Nationale de Porto qui comptait près de quatre mille exposants de tous les points du globe, les commissaires venaient non seulement pour étudier, comparer, et reporter dans leur pays le fruit de leur savantes et laborieuses recherches, mais encore pour féconder de leur présence et de leurs conseils l'exhibition Portugaise au sein de l'Univers exposant.

C'est justice de leur attribuer la légitime part d'éloges qui leur revient : Ils ont bien mérité du pays qu'ils représentent et de celui qui les avait conviés à l'hospitalité de ce temple cosmopolite du travail et de l'industrie. Il faut le reconnaître, la Commission Portugaise a montré le meilleur goût dans ses installations intérieures que l'on peut classer parmi les installations qui s'imposent à l'attention par leur disposition originale et distinguée.

III.

L'Annexe Portugaise.

Non loin de l'Ecole militaire, dans le Quart appelé du nom générique de Quart-Allemand, à droite du palais Espagnol, s'élève l'annexe Portugaise.

Cet édifice attire tout d'abord l'attention par son architecture artistique, fleurie, mouvementée, où l'on reconnaît, du premier coup-d'œil, que l'inspiration de l'art architectural de l'Occident s'est enrichie au contact des contrées Orientales, que le Gothique s'est assoupli sous le souffle de l'idée Musulmane, à la vue des créations fantastiques nées des effluves féconds de l'Inde et de l'Orient.

Ce monument d'un style gracieux, type pur de la renaissance Portugaise, fusion du genre Mauresque et du style Portugais du temps de Dom Manoël, s'est inspiré de la superbe cathédrale de Bélem, et mérite les plus grands éloges à son auteur, M. Rumpel-Mayer, architecte Allemand ou plutôt Hongrois, dont quelques publicistes, tentés sans doute par une réminiscence Espagnole, ont fait M. Rampin Mayor.

Au-devant du bâtiment, splendide vaisseau octogonal, flanqué de deux pavillons couronnés comme lui de toits imbriqués et bordés de crêtes et de dentelures, s'étend un porche de trois arcades, dont les colonnes sveltes de pierre tordue s'élancent pour se terminer en trèfles élégants et supportent une galerie de stuc. Ce porche donne accès à une salle surmontée d'une coupole où le jour pénétrant par de larges baies en rosaces, vient éclairer de ses tons polychromes l'intérieur de l'annexe : C'est dans cette salle que sont exposés les produits des Colonies.

La Commission ne pouvait mieux faire dans son désir de rappeler la gloire et le génie de son pays, que de choisir un tel spécimen architectural dans cette belle époque, dans ce siècle de Dom Manoël, dans cette brillante épopée où, parmi les savants, les poëtes, les lettrés, les hommes de science, les peintres, les artistes, brillent et Cabral, et Albuquerque, et Corte Réal, et Vasco de Gama, dans ce siècle de D. Manoël que les peuples ont surnommé le Fortuné et qui, pendant que ses capitaines reculaient les limites du monde connu jusqu'à l'extrême Orient et plantaient la bannière du Portugal en Afrique, en Asie et au Nouveau-Monde, utilisait les glorieux loisirs que lui faisaient ses vice-rois de l'Inde et ses gouverneurs d'Afrique pour protéger et pratiquer lui-même les sciences et les arts. C'est ce Dom Manoël, contemporain de notre François Ier et de Léon X, leur digne émule, qui sur les dessins de Boitaca, de Potassi et de Joao de Castilho, fit graver dans la pierre les linéaments de ce style Portugais, et se contourner, en torsades de stuc et de calcaires, ce style Manoëlesque perpétué jusqu'à nous, et par cette magnifique cathédrale de Bélem, et par le couvent de Saint-Thomar, le monastère da Serra, de Santo-Antonio do Pinheiro, da Annunciada, de Sainte-Claire de Tavira, de Sam-Bento de Porto, par la cathédrale d'Elvas et tant d'autres édifices dont l'expression architecturale reflète si fidèlement le génie de cette époque, c'est à dire le Portugal enthousiaste, progressant, colonisateur, de même que plus tard Batalha devient la symbolisation du Portugal indépendant, sous un régime stable et tranquille.

Concevez, pour le kiosque de l'Exposition, les proportions de l'édifice type, ses sveltes campaniles se perdant dans l'azur, ajoutez-y ce ton chaud, doré, si vanté des voyageurs et qu'acquiert par le temps le calcaire de Lisbonne, encadrez le tout de ce ciel chanté par lord Byron, de ce ciel profond, limpide qui inspire à Macedo ce cri enthousiaste des *Excellencias de Portugal* : « Si l'Espagne est la tête de l'Europe, le » Portugal en est le diadême ! » Imaginez ce doux climat, auquel une simple allusion faite par une chanson populaire, parvenait à émouvoir Manoël jusqu'aux larmes, et vous pourrez vous croire vraiment dans ce pays que les Romains appelaient *Felicitas Julia*, la terre heureuse des Césars, des Dieux !

IV.

Les Colonies.

C'est dans ce palais que la Commission Portugaise a donné, avec un soin tout paternel, le plus charmant asile à ses Colonies. Mais aussi pour le Portugais, la Colonie n'est-ce pas une partie intégrante de la mère-patrie !

De tout temps, le Portugal, ainsi que le remarque judicieusement M. Duruy, resserré entre les montagnes et la mer, a compris, qu'à l'exemple de la Phénicie, il devait s'accroître par les Colonies et s'assimiler leurs ressources. Pénétré de ce besoin de s'étendre, mais d'une manière durable, le Portugal a toujours entouré ses Colonies d'un protectorat bien entendu et l'on serait tenté de lui appliquer ces paroles de Heeren au sujet de la Phénicie : « Ce peuple remarquable ne » se répandit point par l'envahissement et la conquête, mais » par des voies plus pacifiques et par là même d'autant plus » sûres. Sa marche triomphale n'est pas marquée par le » saccagement des villes et la dévastation des pays, comme » le furent les expéditions des Mèdes et des Assyriens, mais » par une longue suite de colonies florissantes qui introduisirent l'agriculture et les arts de la paix chez des peuplades » grossières et barbares. »

Il faut le reconnaître, ces Colonies, quoique diminuées de nombre, ne se distinguent pas moins par la plus grande variété et l'individualité la plus marquée. C'est d'abord Madère, découverte dès 1419 par les Portugais Gonzalez Zarco, Texeira et Parestrello, et dont le vin est connu du monde entier ; c'est Porto-Santo, découverte en 1456 par Fernandez et Cadamosto, dont le coton et l'indigo ont un nom commercial ; c'est l'île Saint-Thomas, à laquelle Vasconcellos donna en 1471 le nom du glorieux patron dont l'anniversaire signala cette découverte, et dont le sol fertile nourrit un nombreux bétail ; ce sont les comptoirs du Congo, d'Angola, de la Sénégambie et la capitainerie de Mozambique, qui produisent, presque sans culture, la canne, le poivre, la cassave, livrent à l'exportation l'or, divers métaux, l'ivoire surtout provenant des nombreux éléphants qui peuplent leurs vastes forêts, et qui, dès 1487, ont été réunis aux domaines Portugais par Diégo Cam ; c'est l'île du Prince, station du golfe de Guinée ; c'est en Asie, Diu, Daman, Goa tout vivants du souvenir d'Albuquerque ; c'est Macao, la ville Chinoise où le Portugal a transporté la civilisation Européenne, créé un musée de sciences et d'arts, et où l'art de Guttenberg se traduit par l'impression d'un journal Portugais ; c'est enfin en Océanie, Sabrao, convertie par les missionnaires du Portugal ; c'est Solor et Timor avec la ville de Dielhy, ce fécond entrepôt des épices et du bois de Sandal !

On comprend que si les Colonies avaient fourni leur complet contingent, l'annexe eut été trop restreinte ; mais suffisante est la moisson et l'on doit rendre grâce au Conseil des Colonies qui a dirigé les envois et su choisir habilement les échantillons. Il importe de signaler cette institution toute nationale du Conseil des Colonies dont le Portugal est fier à juste titre : Composé de ce que le Royaume compte d'hommes les plus éminents et les plus compétents, le CONSEIL DES COLONIES, sous la présidence du Ministre de la Marine, étend sur les possessions Portugaises sa bienfaisante influence et les entoure de sa constante sollicitude. Les résultats de cette action immédiate et incessante sont éloquents et se traduisent par des faits : il suffit pour les constater d'étudier avec soin l'exposition Coloniale.

Comme ces Souveràins qui, tenant pour peu leur propre couronne, ne dédaignent pas de conquérir les suffrages dus au mérite personnel et concourent pour les palmes intellectuelles ou littéraires, le Conseil des Colonies n'a pas hésité à s'inscrire, être collectif et moral, au même titre que les simples exposants : Nous avons le ferme espoir que le verdict du jury, à l'exemple de 1855 pour la Commission Royale des Colonies, consacrera par une récompense dûment méritée la valeur qu'il assigne aux brillants résultats attestés par l'exposition du Conseil.

V.

L'Exposition Coloniale.

Nous sommes heureux de payer ici un tribut tout particulier d'éloges à l'organisateur de l'exposition Coloniale, M. le chevalier Pinto de Magalhaes. La cordiale urbanité dont il a fait preuve à notre égard, la facilité et la compétence avec lesquelles il nous énumérait les détails les plus circonstanciés dans notre visite à l'Annexe Portugaise ne sont égalées que par le goût exquis dont il a fait preuve dans l'aménagement intérieur de son domaine. Et ce n'est pas chose facile que de grouper, dans un ensemble harmonieux, une telle variété de produits qui, faute de ce je ne sais quoi inné chez l'artiste et l'homme de goût, se traduirait par l'aspect morne et mercantile d'un bazar ou le désordre d'une capharnaüm : hommage donc soit rendu à M. le Commissaire de l'installation Coloniale.

Il était entré dans les projets primitifs de décorer la coupole intérieure de l'Annexe de fresques polychromes, ce qui eût eu pour résultat d'absorber une quantité considérable de lumière et de nuire par une diversion à l'effet général ; M. Pinto de Magalhaes a su tirer le meilleur parti de cette coupole en y faisant appliquer, d'une manière aussi pittoresque que neuve, une partie des objets réservés à son exhibition et qui, sans cette inspiration, ne se seraient produits qu'imparfaitement. Ainsi en vue, les pelleteries des Colonies, à l'état simple de première préparation, se dessinent en contours harmonieux sur la coupole et la frise et attirent les regards par la variété et la beauté des pelages : le jaguar, le tigre, l'once et tant d'autres alternent avec le léopard, la panthère, le crocodile même !...

Une difficulté non moins victorieusement vaincue, c'est la disposition artistique des trophées d'armes et surtout de la pyramide qui se dresse au milieu de l'Annexe. Ce qui frappe l'œil dès l'entrée, c'est sans contredit cet obélisque ethnographique sur lequel s'étagent, en hiéroglyphes parlants et intelligibles à tous, les armes, les instruments et les objets les plus curieux tirés des collections particulières de M. Casal-Ribeiro, de M. de Magalhaes lui-même et d'un grand nombre d'amateurs à la complaisance desquels il faut rendre hommage.

Quant aux produits qui se pressent dans le salon de l'Annexe, qui encombrent les vitrines et les bocaux, il faudrait un volume pour les énumérer !

L'un des produits qui attirent le plus l'attention, non pas qu'il soit le plus utile, mais le public procède souvent ainsi, est une espèce de stipe, ressemblant fort à une exostose de chêne-liége : c'est le wellvitsch mirabilis, végétal du genre pinus, qui, dans son sol natal, Angola, produit de grandes feuilles servant d'éventail et de parasol.

Non loin de là se trouve la nombreuse famille des phaséolées représentée par des types remarquables de haricots de toutes provenances : appoint important pour la nourriture, ces plantes légumineuses sont l'objet d'une sollicitude bien entendue. Il en est de même des tapiocas et du manioc du Cap-Vert, d'Angola, de Mozambique surtout, auxquels notre commerce commence à faire de nombreux emprunts. Tout proche, le condiment le plus sain et en même temps l'auxiliaire précieux de l'agriculture, le sel marin. Ne négligeons pas de constater en passant ces modestes bocaux qui recèlent, sous une apparence incomprise, le lichen Rocella, l'orseille du Cap-Vert, source précieuse d'une teinture justement appréciée; mais arrêtons-nous surtout avec respect devant cette importante série d'étiquettes qui affichent la nombreuse série des plantes médicinales, trésor trop inexploré, où le chercheur pourrait trouver la santé des peuples, car à côté du mal le Créateur a placé le remède !..... Ces feuilles rugueuses, fauves, puissantes, c'est le tabac qui s'exporte à Lisbonne, où il est si habilement travaillé par la compagnie fermière du monopole, décorée d'une médaille en 1855.

Avant d'arriver aux plantes textiles, ne passons pas sans soupeser cette phénoménale dent d'ivoire, l'une des plus belles qui soit connue et dont le poids n'est pas inférieur à 213 kilogrammes.

Voici les vitrines des plantes textiles !... c'est à notre avis la collection la plus riche de l'exposition Coloniale et l'on ne saurait trop rendre justice à la variété, à la finesse et en même temps à la solidité de ses fibres qui se transforment en cordes inusables pour la marine, en cordelettes, en nattes multicolores, en tapis, en tissus de toutes couleurs qui en 1855 ont valu une flatteuse distinction à l'administration Royale des Colonies : C'est le triomphe de Mozambique de même que le coton, qui est proche, est la richesse de Timor et d'Angola à qui il fournit ces tissus, ces vêtements dont nous offre le spécimen un habillement complet de Bramine. Remarquons également les dentelles de Goa, les pagnes aux rayures bigarrées.

Ensuite viennent les cafés de San Thomé, les échantillons magnifiques de cette gomme copal qui fournit des vernis estimés, les huiles de ricin, de palme, de sésame, l'huile de coco, blanche comme du lait et qui sert d'onctueux pour les machines, l'huile du médicinier traitée en grand par la maison Burnay d'Alcantara. Et, à côté de ces produits intéressants, les graines et les plantes qui les fournissent et qui coudoient les variétés les plus riches de maïs, de millets de gingembres, de poivre, etc. Rien n'a été négligé pour produire les ressources des Colonies : il y a jusqu'à des échantillons du beurre préparé par les colons, de cire à divers états de préparation, de miel de toutes nuances et qui servent de transition aux liqueurs fermentées et nous conduisent vers le buffet intéressant des spiritueux, du brandy, des vins des Colonies, des esprits d'anis, du vinaigre de Sura, extrait alcoolique de l'orange.

Quel plaidoyer éloquent pour la richesse des Colonies Portugaises et quel enseignement pour ceux d'entre nous qui se feraient une fausse idée de leur civilisation ! Jetons pour nous en convaincre un coup d'œil sur les objets de luxe étalés dans ce que nous appellerions volontiers le *salon carré*, au pied de cette pyramide ethnographique que nous avons déjà signalée, voyons ces curieux éventails qui, au souffle du vent, répandent le parfum de leurs fibres odorantes ; voyons les ivoires empreints d'un art naïf, sculptés par les Indiens indigènes comme font les pâtres Nurembergeois de leurs bois à figurines; voyons ces jarres de terre légers, comme la plume, dont l'indigène construit lui-même les moules, qu'il fait cuire dans un four fabriqué de ses mains suivant les plus anciens préceptes et qu'il revêt ensuite d'une laque aux plus brillantes couleurs ; et ces boîtes de sandal où fourmillent les sculptures ; et ces camées sculptés dans la nacre rose d'une coquille des plages ; et ces cocos fouillés à jour, et ces œuvres délicates d'écaille, cette écaille qui se vend au prix de l'or que nous voyons tout près en poudre et en pépites, à l'état natif; et ces cordonnets d'or et d'argent à faire pâlir de jalousie notre orfévrerie Européenne ; et ces flacons de filigrane... et ces mosaïques de perles !... Oh ! qu'ils sont utiles ces voyages sans déplacement, et qui nous permettent de constater la valeur réelle des choses ! Certes de telles expositions en apprennent plus long, en un jour, au public sur la vie des peuples que les meilleurs traités de géographie et d'économie politique. Combien de savants mêmes pour qui St-Thomas, le Congo, Angola, Mozambique, Sabrao, Timor n'étaient que de froides abstractions et qui sortent de l'annexe instruits et convaincus ! Si tel est le but du conseil des Colonies de montrer la robuste virilité de ses possessions, ce but est complètement atteint: Semblable à la mère des Gracques, la nation Portugaise peut dire avec orgueil en montrant ses enfants : « Voici ma plus belle parure ! »

VI.

Le Panthéon Portugais.

Quand du parc on entre dans le palais et qu'on affronte la galerie des machines, on est frappé en arrivant dans la grande nef de l'aspect grandiose de la galerie du Portugal : A cheval sur le promenoir des machines s'élève un arc de triomphe qui se compose d'une arcade majestueuse flanquée de quatre tourelles, surmontée d'une toiture aiguë avec campanille, ornée d'une couronne royale d'un effet vraiment imposant. Et si, avant d'entrer dans la galerie, l'on jette un coup-d'œil général sur son ensemble on demeure étonné, frappé d'admiration à la vue de la fresque merveilleuse qui se déroule et ruisselle le long de la galerie Mauresque.

Par une heureuse conception, la Commission a fait réserver, à l'intersection de chacune des zônes concentriques, des niches ornementées pour recevoir les statues des Portugais célèbres. Prenons occasion de ce Panthéon improvisé pour jeter un coup-d'œil rapide sur les gloires du Portugal, ce sera passer, en quelque temps, la revue de l'histoire de ce pays et combler une lacune trop commune parmi nous.

Mais dès l'abord découvrons-nous devant l'infortuné D. Pedro V, moissonné dans sa fleur. Monté au trône en 1855, ce jeune et infortuné monarque, acclamé par le peuple du doux nom de Esperançoso, plein d'espérance, nom qui devait sitôt être remplacé par la triste appellation de Desgraçado, le malheureux ... fut enlevé prématurément six ans après au Portugal et au Monde qui avaient admiré son dévouement héroïque en 1857, alors que, pendant une cruelle épidémie et quand les médecins eux-mêmes prenaient les plus grandes précautions, Il portait en personne aux malades la consolation de sa présence et l'exemple de son courage. Donnons un souvenir à la compagne évangélique qui, l'aidait si noblement dans sa mission toute de devoir et d'abnégation, Stéphanie-Frédérique Wilhelmine ANTONIE, princesse d'Hohenzollern Sigmaringen, ravie, elle aussi, si tôt à cette terre qu'elle honorait par ses vertus et ses talents ! Le courage civil de D. Pedro suffirait seul à maintenir au premier rang, dans le Panthéon Portugais, l'image de ce noble fils de Dona Maria da Gloria. C'est donc à juste titre qu'est placée sur le seuil cette glorification de Dom Pedro, lien naturel entre le présent et les gloires du passé.

Nous enregistrons ensuite CAMOENS, aussi brave soldat que poëte patriote, l'auteur immortel des Lusiades ; VASCO DE GAMA, le digne auxiliaire du roi Emmanuel, autour duquel brillent comme une auréole les splendeurs de Calicut, de Mozambique, de Sofala, de Cananor, de Cochin ! et Pedro Alvare CABRAL, l'heureux explorateur du Brésil ; et Bartholomeu DIAZ, qui, le premier, affronta le cap des Tourmentes, qui devait être et resta le cap de Bonne-Espérance !

Après ces grands hommes dont le Portugal est justement fier, arrêtons notre pensée et nos regards sur JOAO IV : Encouragé par la France et Richelieu, ce souverain affranchit, en 1640, le Portugal du joug passager de l'Espagne et fit monter sur le trône la dynastie encore régnante de

Bragance, issue des anciens rois, représentés ici par le comte D. HENRIQUE, contemporain et ami du Cid Campéador... Saluons en lui le vainqueur des infidèles, mais, Français, saluons avant tout le fils du duc François-Henri de Bourgogne, le descendant de nos rois : Donc, salut à vous, D. Henrique, descendant de Hugues-Capet, à vous qui êtes de notre lignage, suivant l'expression de Philippe-le-Bel !

Cet homme, à la démarche noble, à l'œil intelligent, c'est le MARQUIS DE POMBAL, le grand marquis, lequel, après le tremblement de terre de 1755, alors que D. José, lui demandait ce qu'il y avait à faire, eut cette réponse digne des anciens : « enterrer les morts, songer aux vivants! » D'autres ont ajouté : « fermer les portes !! » mot qui résume sa politique à l'égard des Anglais qu'il eut voulu chasser du continent.

En dernier lieu voici PEDRO IV, qui consacra la séparation du Brésil d'avec le Portugal, sans pour cela renoncer à faire par son influence triompher la cause de sa fille, dona Maria, lutta courageusement contre l'usurpation de Dom Miguel et assura à son pays l'ère de prospérité dans laquelle il est entré avec les fils de Dom Fernando.

Ici se termine la série des hommes auxquels l'Exposition du Portugal a réservé ses statues. Quelle légion de héros n'eût-il pas fallu faire tailler dans la pierre, si l'on avait dû rendre justice à tous les mérites, à toutes les gloires ! Les noms aussi se pressent sous notre plume, mais bornons-nous comme l'a fait le Comité organisateur, et, pour nous résumer, renvoyons à ce monument des fastes Portugais dont le modèle, exposé dans la galerie des beaux-arts synthétise, par des pages éloquentes, les titres de gloire du

Royaume et prenons aussi pour conclusion de cette revue, son inscription bien digne du fronton d'un grand peuple :

AOS HEROES PORTUGUESES
EM MEMORIA DAS SUAS NAVEGACOES E CONQUISTAS
A PÁTRIA RECONHECIDA !

Et pourtant que d'autres titres encore, outre les découvertes et les conquêtes, pourrait inscrire à son fronton la Patrie reconnaissante !

VII.

L'Exposition agricole et industrielle.

M. LE COMTE D'AVILA, l'honorable président de la Commission Portugaise auquel nous manifestions notre admiration pour l'importance de l'exposition confiée à sa haute direction, nous fit une bien juste remarque. C'est qu'en présence de l'exposition d'un pays, il faut avant tout tenir compte de l'importance relative de ce pays et mesurer la grandeur des résultats acquis à la puissance des forces en jeu. Pénétrés de la valeur de cette pensée, nous signalons à l'attention publique l'exposition du Portugal, qui confirme cette pensée d'un écrivain, qu'il n'est pas besoin d'être un grand pays pour être un grand peuple.

On conçoit sans peine que le Portugal, dans les conditions d'éloignement où il se trouve de nous, ne se soit pas attaché à figurer dans le promenoir extérieur, où, sous prétexte d'exposition des produits de la septième série, d'autres nations ne sont guère représentées que par des brasseries et des restaurants, chez lesquels l'idée de concours n'est certes pas l'idée dominante. Néanmoins, la septième série, cette partie importante de la prospérité des nations, est noblement représentée et se masse sous la galerie des machines. C'est là que s'étagent en une légion serrée de limpides et de mystérieux flacons, les crus divers du Portugal, le porto, les muscats de Sétubal, les vins blancs de Rabicha, le vin blanc d'Estramadure que l'on exporte au Brésil, le Douro et les crus si fins de Chousa, ceux du Malveido, du Coval, les vins de Cardafaes, les vins blancs de Portimao, de Bucellas, de Carcavellos, le lavradio rouge sec et rouge doux... et le vin de Lisbonne et le vin blanc de Loulé et le muscat de Torres-Vedras... Tous crus ayant fait leurs preuves et ayant reçu, de longue date, la consécration du jury et qui peuvent tous mettre à leur col des médailles de combat, de triomphes!... N'oublions pas qu'en 1855 une médaille d'honneur hors classe a été accordée au Gouvernement du Portugal par le Conseil des Présidents pour l'ensemble des remarquables produits agricoles de ce pays et notamment pour ses vins trop peu connus dans nos contrées où la facilité des traités de commerce et des transports ne tarderont plus à les répandre. Actuellement le peuple Anglais est le principal consommateur de ces crus qui sont alcooliques et montés en couleur pour satisfaire au goût de cette nation, mais les vins préparés pour la consommation du Portugal et ceux qui sont expédiés dans les autres pays sont reconnus pour être plus légers et plus distingués.

Non loin des vins foisonnent, fourmillent les spécimens plus modestes mais non moins utiles des graminées de toute nature et des légumineuses, ces bases de l'alimentation. Soulagée de la dîme qui pesait sur toutes les récoltes, l'agriculture marche de plus en plus dans des voies prospères. De tous côtés se propagent les instituts agronomiques, les comités locaux et les commissions départementales pour stimuler le zèle individuel d'agronomes qui apprennent à devenir jaloux du progrès et d'innovations heureuses. Comme tendance, signalons en passant les efforts tentés avec persévérance par

M. A.-L. Marques Fereira qui a introduit de nombreuses et utiles modifications à la charrue Dombasle, qu'il soumet à l'examen du public et du jury.

Une des fabrications digne surtout d'attention est l'exhibition des cables et des cordages dont la supérieure qualité établit que le Portugal n'a pas renoncé à son rang de Puissance essentiellement navigatrice.

Outre les céréales, le Portugal produit en abondance les amandes, les figues, l'huile, la cire, le miel, les folioles de palmier travaillées, les oranges et ces excellentes caroubes que l'on expose pour la Catalogne et la Sardaigne et le kermès si précieux pour la teinturerie auquel nos manufactures recourent largement. Laissons aux chiffres leur éloquence et disons que l'on compte plus de cent exposants dans la classe des céréales, trente dans celle des corps gras, soixante-quinze dans celle des légumes, vingt dans celle des condiments et plus de cent cinquante dans celle des boissons fermentées et cela sans tenir compte des Colonies!

A droite et à gauche de l'entrée de la section se trouvent deux trophées qui méritent l'examen à des titres différents : à droite c'est la riche montre de la Compagnie Nationale des tabacs dont les produits à l'attrayante couleur ont fait rêver plus d'un promeneur et dont les cigares se rangent à côté d'un tabac à priser, primé aux précédentes expositions. De l'autre côté, ces disques de bois aux diverses nuances, polis, coquets, vernis, beaux comme de la marqueterie nous annoncent la collection fort intéressante des bois de construction, de menuiserie, d'ébénisterie, de charpente exposés par l'Administration générale des forêts du Royaume. C'est du Portugal que se tire la majeure partie de l'ébène employée pour la confection des flûtes et des instruments à anche et les facteurs de France, de Belgique et d'Allemagne l'ont en haute estime et l'appellent ébène de Portugal pour la distinguer de celle de Maurice et de Madagascar et de l'ébène rouge ou grenadille. C'est là aussi que sont groupées les essences précieuses tirées des bois, les térébenthines, les gommes de pin, les goudrons, les résines recherchées par le commerce étranger ; c'est tout proche que l'on suit avec un légitime intérêt les liéges de Carlos Bandao, et les cuirs, et les lins bruts et filés des Commissions districtales de Faro, de Porto et tant d'autres. Nous aimons à signaler dans cette étude les produits sujets à exportation parce que c'est suivant nous un des buts les plus utiles de l'Exposition Universelle que de contribuer à l'extension des relations de commerce internationales. Avec les idées de libre échange, passées récemment du domaine de la théorie dans celui de la pratique, on doit tendre surtout à ce résultat utile qui consisterait à choisir, partout où on le trouve, ce qui est avantageux et à relier ainsi les peuples par des liens durables d'affection et d'intérêt.

C'est à ce titre aussi que nous appellerons l'attention publique sur la magnifique exposition des marbres du Portugal qui révèlent l'existence de si beaux et de si nombreux filons : ce sont les marbres d'Estrennas, dans les Algarves, dont les veines d'un gris bleuâtre se dessinent harmonieusement sur un calcaire d'un ton neutre et dans les gisements duquel on a taillé jadis au vif pour la construction de l'Escurial ; c'est un cipolin d'un grain rose strié de mica vert, c'est le bleu turquin, le marbre violet aux jaspures blanches coupées de noir, et le marbre de l'Alemtejo d'un jaune fauve et celui de l'Estramadure dont la teinte rappelle les tons doux de la rose de la Malmaison. Quelle richesse de palette dans ces marbres veinés où le violet, le lilas, le jaune nankin, le bistre rivalisent avec le rose aux reflets d'agate, l'opale et le rouge pourpré ! Quelle richesse pour l'exportation surtout quand on analyse les prix pour se convaincre, chiffres en mains, que la plupart de ces marbres si riches de couleur, si décoratifs peuvent être rendus à Paris bien au-dessous des cours des marbres tristes et noirâtres de Ste-Anne et au même prix pour les groupes les plus précieux et les plus éclatants. C'est d'ailleurs avec un légitime sentiment de fierté que nous signalons ce fait que c'est un Français, M. Dejeante auquel revient l'honneur d'avoir, il y a moins d'un demi-siècle, ressuscité par ses courageux efforts et fait connaître au monde la valeur commerciale et artistique de gisements dont, bien longtemps avant nos jours, les Romains, ces libres échangistes exclusifs, avaient fait leur profit pour orner somptueusement les monuments de l'ancienne Rome, où nous en retrouvons encore les débris.

N'omettons pas de noter, dans les produits des industries extractives, les minerais de la vallée du Douro, les minerais de fer, d'étain, d'antimoine et de cuivre, les pyrites dont l'exploitation a pris une nouvelle impulsion ces dix dernières années, et les lignites, et la houille de Sam Pedro da Cova de Buarcos, et le sel de Sétubal qui, à la faveur du climat, s'obtient en quantités énormes et à un prix de revient fabuleusement minime.

En entrant dans la classe des vêtements, tissus et objets pour la personne, sur ce domaine où règne la laine de l'Alemtejo, mise au rang des meilleures que fournisse l'Europe, notre pensée se reporte, comme pour l'industrie d'extraction du marbre, vers ces Français qui, à la faveur de l'intelligente protection du Gouvernement Portugais, ont, dans la seconde moitié du XVIIIe siècle, consacré leur initiative et leurs efforts à la création de manufactures de tissus actuellement en pleine activité, alors que le roi D. José et le Marquis de Pombal, voulant profiter des larges débouchés qu'offrait le Brésil aux produits Portugais, s'efforcèrent de multiplier les fabriques et les établissements aux frais de l'Etat, en les transmettant à des particuliers, auxquels ils accordaient des subsides considérables. C'est à cette circonstance qu'est due la fondation de la manufacture royale de Portalègre par un Français, M. Larcher, dont la famille possède aujourd'hui cet important établissement. Soumise longtemps à l'Angleterre, l'industrie échappa par le tarif de 1837 et put entrer dans la voie du progrès où la secondent les nouvelles extensions toutes récentes. Depuis lors les anciennes manufactures prospèrent, de nouvelles se créent et tout fait espérer que sous le sage gouvernement de son jeune Monarque, le Portugal ne fera que gagner.

Trouvant ainsi à pied d'œuvre des matériaux excellents l'art du tailleur d'habits peut se produire dans d'excellentes conditions, ce qui explique les résultats, dignes d'attention, obtenus par M. J. Nunes Correia, dont les efforts ont été reconnus par les distinctions les plus flatteuses de son Souverain, ainsi que les travaux remarquables de MM. Miguel Dias Barata et Christian Keil.

Les cotons sont représentés par des produits dont le prix comparé et les qualités méritent d'être signalés, et la soie par l'éloquente vitrine de MM. Cordeiro et Irmao, et par celle de l'Orphelinat de M. le baron de Nove Cintra pour les cocons, les soies grèges et par celles non moins remarquables de M. José Marçal Brandao pour les soies floches et teintes. Ce sont des produits remarquables et dignes de l'attention du visiteur.

A un autre titre se recommande la chapellerie de MM. A. Roxo de Lisbonne et de M. Costa Braga de Porto, où le beau travail, le comfort de mise en œuvre première le dispute à la richesse et à l'élégance de la dernière main.

Du vêtement à la parure il n'y a qu'un pas et ce pas nous conduit à l'une des vitrines les plus admirées, qui ferait étinceler plus d'un œil sous le lenço et battre plus d'un cœur sous la capa, à la foire de Viseu ; c'est qu'elle contient des vrais trésors de joaillerie et d'orfèvrerie, des parures du meilleur goût où le choix des pierreries le dispute au fini des montures, des filigranes, des objets d'art, des bijoux, des fleurs, compagnes et auxiliaires de la beauté des filles d'Eve, des ordres et des croix, signes d'honneur destinés à reconnaître le mérite des hommes, stimulants puissants d'une noble émulation, féconde pour la prospérité des Etats.

Parmi les produits nombreux de la 3me série, notons à cause de leur excessif bas prix les faïences, les poteries pour les usages divers du ménage, dans des prix tels qu'une douzaine d'objets se vend à peine à Lisbonne le prix d'un seul de ces objets chez nous. Cet excessif bon marché est d'ailleurs la conséquence naturelle des habitudes de la patrie des Azulejos, du pays où chaque paysan construit lui-même son four et y cuit sa poterie pour son usage personnel. Au-dessus de ces objets modestes, se dressent des vases, des majoliques, des faïences à reliefs aux vives couleurs dont le bon goût et les décors soignés n'empêchent pas de se ressentir de l'influence de ce bon marché, et se tiennent à un prix bien inférieur aux prix courants de notre fabrication.

Aussi les étiquettes ont leur éloquence et le mot magique *vendu* ne fait pas défaut.

Quant à la porcelaine et aux cristaux ce serait faire des redites que de parler longuement des produits de la fabrique

Royale de Vista Alegre, dont le directeur, M. Auguste Ferreira Pinto Basto, membre du XXVe jury à Londres pour les arts céramiques a porté si haut le mérite. Les peintures et les dorures d'un de nos compatriotes, M. Rousseau, sont dès maintenant recherchées des amateurs d'art et la taille des verres est arrivée dans cette fabrique à un tel degré de perfection qu'cn ne pourrait distinguer ses produits de ceux de la France et de l'Angleterre.

Riche comme il l'est en bois de toutes essences, en bois précieux surtout, le Portugal ne pouvait manquer d'utiliser ces ressources en les appliquant, soit aux instruments, tels que les orgues de la maison Francesco Bruni, soit à l'art de l'ameublement et aux instruments meublants dans lesquels le corps et les tissus des bois jouent un si grand rôle, tels sont les meubles d'un goût charmant, comme cette délicieuse ébénisterie de Joao Manoel Miguez qui porte avec elle son titre de noblesse avec la mention d'achat par la Princesse Mathilde; tels sont ces meubles d'un goût plus sévère qui ornent le salon réservé au Comité d'organisation. C'est là que, sous la présidence de M. le comte d'Avila, siége en permanence la Commission Portugaise et pourvoit aux détails multiples de l'installation, de la correspondance, de la rédaction du catalogue; c'est là qu'est établi le bureau de M. de Vasconcellos, chargé, outre les soins du secrétariat qu'il partage avec M. de Moita, de l'installation de l'Exposition Industrielle. De ce poste central, M. de Vasconcellos peut étendre ses soins sur l'installation, qui compte plus de mille exposants, à laquelle il a présidé, et qui révèle, à chaque pas, la haute aptitude et l'expérience d'un homme qui a beaucoup vu et peut être rangé dans les spécialistes. A sa gauche, les produits divers qui s'échelonnent jusqu'à la galerie des machines, à sa droite et comme transition aux

Beaux-Arts et à l'histoire du travail, le matériel et les applications des arts libéraux.

Dans cette partie, outre des spécimens de toute nature, des instruments de précision de M. José-Antonio Torrès, des impressions typographiques, de la lithographie, de la polychromie, nous remarquons des papiers d'un excellent collage, et surtout des reliures artistiques de M. J.-C. Cerveira, et de M. Smidt.

Nous remarquons surtout les travaux hors ligne de l'IMPRIMERIE NATIONALE qui a pris un rang si distingué sous la direction éminente de M. le chevalier Pereira Marecos, conseiller de S.M. Très Fidèle, directeur de l'imprimerie nationale. Sans parler de la variété des calendriers, des missels aux riches couleurs, des planches de musique gravée, des hymnes, des cantates, des types remarquables en métal d'imprimerie, des clichés, des cuivres gravés si finement, que dire d'ouvrages comme la *Carta Constitucional da monarchia Portuguese* et surtout comme cette *collecçao de alguns, mappas plantas e cartas* où la perfection de la typographie ne le cède qu'à la richesse des tons et des métaux appliqués !

Cette série si riche, si soignée n'est que l'expression fidèle du véritable amour, inné, traditionnel de la nation Portugaise pour les arts qui se rattachent à la perpétuation de la pensée et qui après s'être traduit par l'amour des manuscrits se reporte sur l'art de Guttemberg.

VIII.

L'Exposition des Beaux-Arts.

A M. le Marquis de Souza-Holstein est échue l'installation des Beaux-Arts et l'on doit le féliciter du goût et de la distinction qui y ont présidé : s'il est une chose où ces deux qualités soient de mise, c'est bien une exposition d'art, et l'on ne saurait s'imaginer quel soin doit présider à une exhibition dans laquelle le moindre voisinage malencontreux peut ruiner des œuvres de mérite qui, isolément ou mises dans leur milieu, conquerraient tous les suffrages.

L'exposition de Porto, et cela se conçoit aisément, était dans de meilleures conditions pour affirmer les progrès du Portugal dans le domaine des Beaux-Arts.

Malgré leur nombre relativement peu important les envois de peinture et de sculpture témoignent des encouragements accordés aux tendances artistiques : une vingtaine de peintres et autant de sculpteurs et graveurs, tel est le bilan du Portugal à notre Exposition. Mais c'est dans les arts surtout, que l'appréciateur doit tenir compte non de la quantité mais de la qualité : Or, tous les envois, dans lesquels se retrouve empreint le cachet du génie national, attestent des résultats sérieux, preuve de ce que peut l'influence d'un homme de mérite sur les aptitudes et l'avenir d'un pays.

Il y a moins d'un quart de siècle, s'unissait aux destinées du Portugal un homme éminent non seulement par les qualités martiales du Souverain, mais aussi par les qualités délicates qui font l'homme de goût et l'artiste. Depuis lors s'est produit à Lisbonne et a rayonné sur tout le Royaume un mouvement incontestable qui montre ce que l'on a à attendre d'une favorable impulsion. Des Académies ont été créées, des concours ont été ouverts, des expositions ont eu lieu, mouvement louable dans lequel se traduit le sentiment exquis et profond d'un haut personnage qui ne s'en tient pas à la théorie, mais dont on connait les ouvrages personnels ; nous avons nommé le prince D. FERDINAND de Saxe-Cobourg-Gotha, Roi de Portugal, régent du Royaume pendant la minorité D. Pedro V.

C'est ce sentiment artistique qui a porté, il y a longtemps déjà, D. Fernando à mettre sous la sauvegarde des lois la conservation des monuments. Pour les visiteurs qui voudront se rendre compte de l'importance de cette mesure, il suffira de passer en revue les trésors de l'art monumental que possède le Portugal et dont peuvent former une idée bien qu'imparfaite et le modèle de la cathédrale de Bélem déposée dans la galerie de l'Exposition Portugaise et les photographies qui l'avoisinent.

IX.

L'Histoire du travail.

Il était facile de prévoir que l'exhibition de l'histoire du travail offrirait une belle occasion de se produire à un pays dont l'un des principaux personnages auquel nous avons déjà rendu un hommage mérité, Dom Fernando, père du Roi régnant, fait consister son principal plaisir dans la recherche et la conservation des choses d'art.

Après avoir sagement administré le Royaume, pendant les deux années de la minorité de son fils D. Pedro, le Prince FERDINAND de Saxe-Cobourg-Gotha ayant remis les rènes du pouvoir à son infortuné fils Espérançoso ne s'occupa plus de politique, se donna tout entier à la protection des choses de l'esprit et se livra à son amour pour une vie noblement indépendante. Artiste distingué, Dom Fernando parcourt souvent seul, à pied, les rues de Lisbonne, visitant les magasins de curiosités et achetant lui-même les pièces les plus remarquables pour meubler avec un goût exquis le merveilleux palais de la Pena qu'il a fait construire à Cintra. On conçoit que sous de tels auspices M. Aragao, chargé de l'installation de l'histoire du travail ait pu arriver au résultat qui lui a valu et lui vaudra encore de si légitimes félicitations.

Dans cette riche galerie, le numismate trouvera matière à de fructueuses études et pourra se complaire dans l'examen du médaillier auquel a été réservée une place d'honneur. Il y trouvera inscrite sur les Seitiis aux tours de Porto, sur les maravedis de Sanche Ier, sur les dobras cruzadas, les soldos brancos et les soldos pretos, les dinheiros Alfonsim, les torneze, les gentils, les barbudas, les graves, les pilartes, les reaes brancos et pretos, les rodizios et les espadims, l'histoire monétaire du Portugal au Moyen-Age. De même qu'il pourra suivre l'histoire, jusqu'à nos jours, aux incriptions des Portuguescs, des indios, des espheras, des calvarios, des patacaos, des moedas et des monnaies et médailles qui suivent jusqu'à nos jours.

Que dire de ces manuscrits, de ces missels aux enluminures dont la finesse, les couleurs et les ors peuvent rivaliser avec les chefs-d'œuvre les plus estimés du genre, que dire sinon qu'ils sont à la hauteur de l'espoir qu'on pouvait former en pensant que, dès le commencement du quinzième siècle, les Rois de Portugal avaient, parmi les charges du palais, des calligraphes spécialement attachés à leur bibliothèque, comme Joham Gonçalves, écuyer-écrivain des livres du Roi, et, que jusqu'aux princesses du sang royal, les dames les plus nobles s'occupaient de la propagation des livres précieux, témoins l'épouse de Don Pedro d'Alfarrobeira, sa fille Felippa qui orna de miniatures entièrement de sa main un volume d'évangiles longtemps conservé dans le trésor d'Odivellas, et Dona Joanna, fille d'Alphonse V qui, cachant au fond du monastère d'Aveyro sa merveilleuse beauté, se livrait avec amour à l'art exquis de l'enluminure et ornait de mystères peints les livres saints, compagnons de sa retraite. Ils ne sont pas au-dessous de ces excellentes traditions les manuscrits à figures dont un grand nombre peuvent rivaliser et comme dessin et comme richesse de palette avec les tableaux des maîtres les plus estimés. Avant tout, dans un genre spécial, citons ce manuscrit unique, ce portulan exécuté à Goa en 1572, et dans le domaine de l'imprimerie le Cancionero de Resende, et le Cancionero de D. Pedro d'Alfarrobeira, ouvrages d'un inestimable prix.

A part quelques azulejos réellement curieux, à part un escabeau d'une faïence blanche, à la forme originale, à part la charmante soupière avec plat de la fabrique du Rato, qui remonte à 1760, et qui est justement appréciée de l'Académie des Sciences à laquelle elle appartient, nous aurions, nous le disons franchement, voulu voir représenter la céramique Portugaise plus complétement que par quelques rares échantillons réunis dans la galerie. Non, ce n'est pas le dernier mot, ni même le premier mot de la faïence Portugaise ancienne. Livrés tous deux personnellement à la recherche et à l'amour de la faïence ancienne, les auteurs de cette revue ont, au cours de leurs recherches, tant à Paris que dans les provinces du nord de la France, rencontré de si beaux spécimens de cette faïence qu'ils ne sauraient admettre ces rudiments comme l'expression d'une véritable Exposition.

Et, puisque nous sommes à l'article des regrets, manifestons également la peine que nous avons eue de ne pas voir, quelque difficile qu'ait dû être à se réaliser notre desideratum, le Portugal exhumer quelques-unes des vieilles toiles rares, destinées à dessiller chez nous les yeux de plusieurs. C'est, qu'en effet, on croit généralement en France que le Portugal n'a pas produit un seul peintre digne d'être placé parmi les grands maîtres. Et pourtant, sans parler de Gran Vasco qui résume le génie artistique du siècle d'Emmanuel et auquel on attribue les curieuses peintures de la cathédrale de Viseu, une nation qui a produit les Hollanda, les Affonso Sanchez Coelho, les Campelo, les deux Vieira, José d'Alméida, Machado, ne peut pas être deshéritée sans injustice d'un de ses plus nobles privilèges.

Mais, comme, en compensation de ces lacunes, l'histoire du travail du royaume de Portugal abonde en métaux ciselés, d'un travail précieux et en objets artistiques ! En pouvait-il être autrement d'un pays où, dès les temps les plus anciens, dès le treizième siècle, on s'appliquait à faire, des choses même vulgaires, de véritables objets d'art, témoin le scel royal du roi Diniz, conservé aux archives de France. D'une admirable exécution, ce cachet est orné sur ses deux faces de pierres gravées, qui sont une preuve du goût intelligent qui présidait même sous le règne du Roi laboureur à divers objets d'art : A la tête du mouvement intellectuel de son siècle, Diniz n'a pas négligé cette branche secondaire de l'art, et une fragile empreinte nous dit peut-être mieux aujourd'hui que de grands monuments ce qu'il y avait de délicatesse et de grâce dans l'ornementation de ce temps.

A l'appui de nos appréciations, nous en appelons à ces heures de muettes contemplations passées dans la galerie du travail, à ces extases du monde savant, des artistes et des archéologues devant cet Ostensoir, sans pareil, terminé en 1571 et qui fut fait de ce premier or, apporté par Vasco de Gama, à son second voyage aux Indes, comme tribut payé par le Souverain de Quiloa au roi Dom Manuel. La matière en est certes d'un incalculable prix, mais qu'est-elle auprès de la perfection divine du travail, auprès de ces émaux, de ces figurines, de ces pierres gravées, et n'est-ce pas le cas de rester en contemplation devant cette merveille où l'art l'emporte sur la richesse : *Materiam superabat opus!*..... Heureux le Roi qui peut marquer de son sceau de propriété une pièce si riche, si belle, si merveilleuse que tout pâlit auprès de son auréole!... Et cependant il y a bien des merveilles dans cet entourage, qui témoignent autant de la magnificence du Roi Dom Luis que de son goût exquis et de son amour du beau, et ces plateaux, ces fruitiers à haut relief en argent doré du XVIme siècle, et cette coupe en argent doré représentant un vaisseau sortant du port, et ces croix processionnales, et cette splendide crosse de la cathédrale d'Evora, et cette paix en argent appartenant à la riche collection d'antiquités de l'Académie Royale des Beaux-Arts de Lisbonne, et ce plateau du baron de Pombeiro, et ces jarres, ces aiguières, ces calices, ces coffrets de la cathédrale de Lisbonne et ces tentures, ces chasubles, ces ornements du culte!!!

Tous ces monuments, qui ont survécu, nous permettent de jeter une claire vue sur ce que le prisme de l'imagination nous donne à rêver, quand nous lisons les descriptions splendides de cette fameuse lampe d'argent, d'une si prodigieuse magnificence, qui affectait la forme d'un château et que Dom Manoël, suivant toutes les chroniques, offrit, à la célèbre visite qu'il fit, selon l'usage du temps, à Saint-Jacques de Compostelle. Quelles fulgurations, quels éblouissements quand nous ressuscitons par la pensée ces présents royaux envoyés par ce magnifique Souverain au pape Léon X, ce pontifical entier de brocart, brodé, dans toute son étendue, de pierreries aussi variées par leur éclat que par leur couleur, sur lequel se remarquaient des grenades ciselées en or massif dont les pépins étaient représentés par des rubis tandis que les fleuves de broderies étaient figurés par des perles et des pierres précieuses. Le diamant, l'améthiste orientale, l'émeraude, le rubis mariaient merveilleusement leurs couleurs sur le fond d'or. Rien de si riche, dit un vieil historien, n'avait paru jusqu'à ce jour aux yeux des hommes : une mître, des calices, des encensoirs faits de l'or le plus pur, étincelants de pierreries et fabriqués au marteau , comme le chroniqueur a soin de le faire remarquer, accompagnaient ces présents.

Mais à quoi bon nous étendre sur ce passé disparu, quand le passé est là vivant, palpable sous nos yeux et ruisselle à flots dans la féerique évocation dont M. Aragao s'est fait l'enchanteur.

Que ceux qui voudront s'initier à cette immense épopée de trésors d'art, se reportent aux si nombreux et si éloquents travaux de l'infatigable bibliothécaire de Ste Geneviève, l'érudit, le fécond M. Ferdinand Denis, à la source intarissable desquels nous avons fait, au cours de cet ouvrage, d'utiles emprunts : Daigne ce compétent collaborateur de la Commission Portugaise en recevoir ici le témoignage de notre reconnaissance non moins que l'expréssion du souvenir ineffaçable, que laissera dans notre mémoire et notre cœur le fonds inépuisable de sa science et la bienveillance personnelle avec laquelle il a bien voulu nous fournir de précieuses indications.

X.

Epilogue.

Après avoir passé en revue les diverses branches de l'Exposition Portugaise, arrivés au moment d'y jeter un coup-d'œil général, de tirer une conclusion de l'ensemble de cette exhibition, nous devons féliciter, comme il convient, le Président de la Commission, M. le comte d'Avila et ses dévoués collaborateurs M. le chevalier Joao Pailha Faria e Hacerda, M. le baron de Santos et en général MM. les Commissaires, des résultats qu'ils ont obtenus, résultats auxquels a applaudi d'une manière si flatteuse et si complète lors de sa visite à l'Exposition la Reine Dona Maria Pia, dans ce voyage où, par les charmes de sa personne et de son esprit elle s'est acquis en France une sympathie à laquelle tant d'autres têtes couronnées atteindraient difficilement par le prestige de l'autorité et du respect.

Ces félicitations, les membres de la Commission les recevront de voix plus autorisées encore lorsque S. M. Dom Luis aura constaté par lui-même toute la portée de cette Exposition pour l'avenir commercial, industriel et artistique de son pays, dont il avait eu l'intuition quand il adhérait si spontanément au programme de l'Exposition.

Être dignement représenté dans une arène où descendent tous les peuples civilisés, n'importe pas moins à la dignité d'un peuple qu'à ses intérêts directs. C'est qu'en effet en dehors du public qui ne désire que l'ébouissement et la fascination des yeux il y a le public d'élite, les chercheurs de la science et du commerce qui relèvent religieusement les progrès et les applications fécondes, c'est que, par les rapprochements nés de la communion d'idées, engendrés par la collaboration et l'étude naissent, se consolident et s'étendent ces relations qui font la vie intellectuelle et commerciale des États. Quelques mois encore et les produits venus dans le Palais de l'Exposition des quatre points du Globe se disperseront, mais l'idée demeurera, les relations établies persisteront et c'est sans emphase que les Souverains qui auront contribué à l'édification, à l'extension de la prospérité nationale, pourront s'appliquer l'*exegi monumentum* du poëte.

Quant à nous, modestes hérauts du tournoi, nous nous estimerons heureux, si, par ce travail consciencieux, nous arrivons à tirer les enseignements que comporte cette lutte pacifique des nations, heureux surtout si nous sommes parvenus dans la présente étude à donner à nos lecteurs une idée juste d'un pays vers lequel nous ont tournés tout d'abord nos sympathies, d'un pays aux efforts duquel doivent s'intéresser tous ceux pour qui le génie des peuples, le progrès, le patriotisme ne sont pas de vains mots.

Th. B. et Th. D.

TABLE.

Imprimé chez L. Crépin, imprimeur à Douai, 32, rue des Procureurs.

www.ingramcontent.com/pod-product-compliance
Ingram Content Group UK Ltd.
Pitfield, Milton Keynes, MK11 3LW, UK
UKHW020958220726
13924UKWH00002B/768

9 782019 95220